Publié aux États-Unis en 2011,
par Heryin Books, Inc.
Titre original : *Mimi goes potty*
© 2011 Yih-Fen Chou pour le texte
© 2011 Chih-Yuan Chen
pour les illustrations

ISBN : 978-2-203-03800-4 (L.10EJDN000893.N001)
© 2011 Casterman, pour l'édition française.
Achevé d'imprimer en juin 2011, en Chine.
Dépôt légal : août 2011; D.2011/0053/272
Tous droits réservés pour tous pays.
Déposé au ministère de la Justice, Paris
(loi n° 49.956 du 16 juillet 1949 sur les
publications destinées à la jeunesse).

LiLi va sur le pot

Yih-Fen Chou
illustré par
Chih-Yuan Chen

LiLi est très occupée. Elle construit une très grande tour.

Soudain, sans s'en rendre compte, elle fait pipi dans sa culotte !

Patatras !

Nini glisse sur le pipi et s'étale par terre !

LiLi voit un jardinier en train d'arroser. Ça lui donne très envie de faire pipi !

Et voilà qu'elle fait encore pipi dans sa culotte !

**LiLi en fait un lit pour Pinpin.
Comme elle a peur de le salir,
elle ne veut pas s'asseoir dessus.**

Maman veut montrer à LiLi comment se servir de son pot.

Elle donne un grand biberon à Pinpin...

... puis elle s'écrie : « Oh ! Pinpin a très envie de faire pipi ! »

LiLi enlève la couche de Pinpin...

... et maman l'installe sur le pot.

« Bravo Pinpin!
Tu as fait pipi dans le pot ! »

« Moi aussi, je veux y aller ! »

Mais LiLi ne tient pas en place : elle court après Nini... elle dit bonjour au facteur...

elle essaie d'ouvrir le gros paquet qui vient d'arriver... Et elle ne va pas sur le pot !

Lors d'une visite, mamie rassure maman : « Peut-être que LiLi n'est pas encore prête. »

Le temps passe.

**LiLi est très contente
de porter des couches.
Plus personne ne lui demande
d'aller sur le pot.**

Tous les soirs, maman raconte une histoire à LiLi. Aujourd'hui, elle va lui lire trois livres !

Un...

Deux...

Trois...

Dès que maman a fini de lire « L'histoire du pipi », LiLi court vers son pot.

« Ça y est ! »

Désormais, LiLi aime beaucoup aller sur le pot.

Et elle aime toujours autant que maman lui raconte des histoires...
Surtout « L'histoire du pipi » !